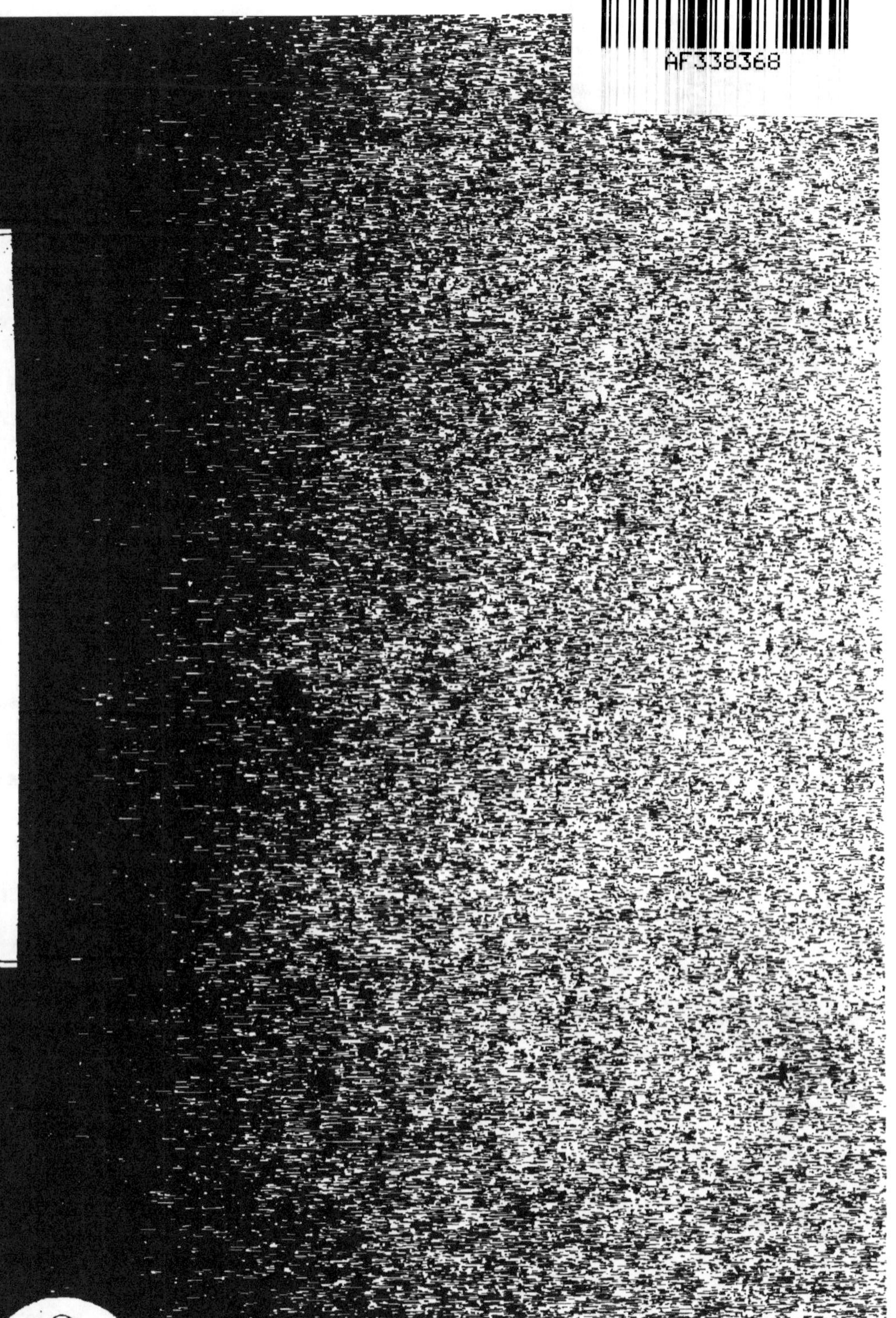
AF338368
AF338368

DE L'ABROGATION

DE

LA LOI SALIQUE,

PAR

S. M. LE ROI D'ESPAGNE.

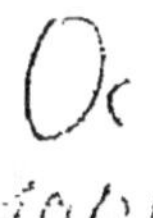

DE L'ABROGATION

DE

LA LOI SALIQUE,

PAR

S. M. LE ROI D'ESPAGNE.

PAR M. C. D.

> « Ma chère fille, il y a parmi nous un usage
> « ancien et impie qui ôte toute portion pater-
> « nelle aux filles; et moi, considérant que
> « vous m'avez été donnée de Dieu, je vous dé-
> « clare mon héritière. »
> MARCULFIUS, *Capitularia legum Francorum*,
> tomus secundus, pag 413.
>
> « ..... Mais une loi fondamentale, née de la
> « volonté changeante des hommes, et en même
> « temps irrévocable, est une contradiction dans
> « les termes, un être de raison, une chimère,
> « une absurdité : Qui fait les lois peut les
> « changer. »
> VOLTAIRE, *Dictionn. philosoph.*, tom. VI.

PARIS,

IMPRIMERIE DE GAULTIER-LAGUIONIE,

RUE DE GRENELLE-SAINT-HONORÉ, Nº 55.

1830.

DE L'ABROGATION

DE

LA LOI SALIQUE,

PAR

S. M. LE ROI D'ESPAGNE.

Le caractère dominant de cette puissance, de ce levier politique qu'on appelle le *journalisme* est cet esprit d'opposition systématique qui l'entraîne continuellement dans des déclamations souvent injustes, toujours vagues et toujours violentes, contre les actes du pouvoir.

Si ces actes émanent directement de l'autorité souveraine ou de son conseil privé, c'est alors que les accusations n'ont plus de bornes, qu'elles soulèvent, aux yeux des peuples égarés par leurs fausses doctrines, les questions les plus graves, qu'elles vont sonder jusque dans le cœur des rois, qu'elles transforment en caprices funestes leurs lois les plus salutaires, leurs intentions les plus pures.

Ces pages n'ont pas été écrites dans une pensée de récrimination contre des hommes qui ne respectent que leurs opinions, qui ne louent que ceux qui les partagent, dont les doctrines changent selon leurs passions; mais on ne peut s'empêcher de déplorer cette aveugle partialité qui les porte à blâmer, à méconnaître tous les actes, quels qu'ils soient, de ceux que les institutions divines et humaines ont placés à leur tête.

Les déclamations de ces nouveaux sectateurs de la légitimité, leurs critiques amères au sujet du rétablissement, par le roi Ferdinand, de l'ancien ordre de succession au trône des Espagnes, ont suggéré ces réflexions.

La conviction qu'un roi d'Espagne ne peut faire une loi funeste à l'Espagne, et le désir de répondre aux objections des adversaires de la nouvelle pragmatique-sanction et d'en examiner les résultats futurs, nous ont guidé dans cet écrit.

Bacon a laissé ce grand principe aux législateurs et aux légistes (1) : « Que la première chose « à rechercher pour bien entendre l'esprit d'une « loi, c'est de connaître son auteur. »

L'auteur de la loi qui remet en vigueur la succession régulière à la couronne d'Espagne, est le monarque éclairé qui gouverne aujourd'hui cette antique et glorieuse monarchie. Rappelons-nous sommairement les titres de ce prince à l'estime de son siècle.

Né avec les dispositions les plus heureuses, éloigné par un odieux favori de l'affection paternelle, de la connaissance des affaires, et menacé d'être privé des premiers élémens qu'on inculque au plus obscur de ses sujets, Ferdinand trompe l'espoir de son ennemi, rencontre dans un vertueux ecclésiastique un maître éclairé, et parvient, par son secours et sa continuelle application, à toutes les connaissances nécessaires à un roi, à l'héritier du sceptre espagnol. A peine sorti de l'adolescence, il est captif d'un conquérant redoutable, il n'a plus d'espoir de posséder l'héritage de ses aïeux, et

----

(1) Novum organum, II.

cependant du fond de son exil il s'instruit avec la plus noble persévérance, il supporte sa captivité avec courage, avec résignation et il se prépare chaque jour, à Valençay, à déployer sur le trône, si le ciel lui permet de s'y asseoir un jour, les qualités qui en font l'ornement.

L'amour et les efforts héroïques de ses sujets l'appellent à ce trône qui lui appartient. A peine y est - il assis que des rebelles le menacent de l'en faire descendre. Il est au pouvoir des Cortès et une seconde fois le vœu de ses sujets se prononce pour lui. Ferdinand reprenant son autorité souveraine, amnistie ses plus cruels ennemis, remet l'Espagne sous la puissance des institutions qui conviennent à cette monarchie; il lui donne toutes celles que, sans danger pour le pays, il peut puiser chez les peuples voisins.

Un conseil d'état créé en 1826, témoigne de son éloignement pour le pouvoir absolu; l'établissement d'une banque nationale, d'une exposition périodique des produits de l'industrie, la franchise du port de Cadix, attestent la protection qu'il accorde au commerce, à l'agriculture; la révision des lois pénales montre sa sollicitude pour la justice; l'accueil et les encouragemens donnés à tous les étrangers, et particulièrement aux Français de toutes les opinions, qui ont formé des établissemens industriels en Espagne, prouvent, d'une manière éclatante, sa tolérance et son désir d'accroître les richesses nationales; et enfin la direction sage et prudente imprimée, quoi qu'en disent ses détracteurs, à l'instruction publique, répond à toutes les calomnies répandues quotidiennement sur les prétendues entraves apportées dans la péninsule à la propagation des lumières.

Un roi qui ouvre une voie si large à toutes les améliorations, qui protège d'une manière si constante et si éclairée toutes les branches de la fortune publique, dont les concessions devaient être prudentes et graduées, a-t-il pu être accusé en promulguant la pragmatique-sanction d'avoir cédé à un *caprice arbitraire*, à un *funeste égoïsme?*

Les passions des accusateurs de cette loi les empêchent-elles d'y découvrir une vue bienfaisante, une prévision politique de l'ordre le plus élevé?

Les utopies d'un certain parti qui se dit l'ami des peuples, ne convenant pas à l'Espagne, le roi Ferdinand dut les en extirper; ce parti se venge de cette nécessité politique en dénaturant, en censurant dans ses pamphlets, dans ses feuilles quotidiennes ou hebdomadaires, les intentions les plus sages, les lois les plus bienfaisantes du monarque qu'il a déclaré son ennemi, et sur lequel ses doctrines ont attiré la catastrophe de 1821.

On demande pourquoi la pragmatique, qui abolit la loi salique en Espagne, conçue par les cortès en 1789, n'a pas été promulguée par le roi Charles IV; pourquoi elle est restée pendant quarante ans ensevelie dans le plus profond secret? On infère de là que ce décret n'était qu'un projet ministériel, qu'on avait abandonné, parce qu'on en reconnaissait l'inconvenance et l'inutilité. La pragmatique-sanction qui donne force de loi au décret de 1789, semble avoir voulu répondre à cette objection; elle déclare « que « les circonstances n'étaient point alors favora- « bles à cette publication. »

Elle se tait sur les circonstances, il est facile d'y suppléer. La monarchie avait dans la personne du roi actuel un héritier présomptif; et si les cortès et le feu roi avaient jugé à propos de s'affranchir de la loi salique, imposée à l'Espagne par l'influence d'un roi puissant, précisément dans un moment où l'existence d'un héritier mâle ne permettait pas de supposer à ce décret d'autres intentions que celles de rétablir les anciennes lois du royaume, les troubles qui agitaient alors la France, et qui tenaient l'Europe attentive, en firent reculer la publication à un temps plus opportun. Mais ce décret avait eu le suffrage de la majorité des cortès, ainsi que l'approbation royale, il ne lui manquait donc que les formalités de la publication ; l'heureuse grossesse de la reine d'Espagne n'était-elle pas le moment marqué par la politique de cet état pour accomplir le vœu des cortès, du feu roi et de la saine majorité de la nation ?

Cette loi détruit, dit-on, le pacte de famille, et peut amener des discussions sérieuses entre les cabinets ; nous convenons qu'en effet elle porte atteinte au pacte de famille, mais nous nions formellement que la rupture de ce pacte puisse amener des troubles graves dans le midi de l'Europe.

Nous soutenons que ce pacte serait aujourd'hui contraire à la politique des trois états soumis à la maison de Bourbon, et que, si les circonstances en eussent amené l'exécution, c'est peut-être alors que cette famille se serait vue engagée dans des guerres sérieuses avec les puissances jalouses de sa prépondérance.

La politique de Louis XIV ne peut pas être celle de ses successeurs. Il y a eu un moment où Philippe V faillit être appelé au trône de France, en vertu de la loi salique, comme le plus proche héritier de la couronne; croit-on que si pareille conjoncture se renouvelait, et que l'une des monarchies pût devenir, en vertu du pacte de famille, l'héritage de l'autre, croit-on que les cabinets de l'Europe le vissent sans jalousie, et que les peuples de l'un ou l'autre pays s'y ployassent facilement? La réponse est aisée.

Oublie-t-on que, quand Louis XIV eut réussi à placer son petit-fils, le duc d'Anjou, sur le trône d'Espagne, l'Europe, effrayée de la suprématie de la maison de Bourbon, exigea qu'elle renonçât à réunir les deux couronnes sur la tête de l'un de ses membres et que Philippe V fût obligé de renoncer à la couronne de France, et les ducs de Berry et d'Orléans à tous

leurs droits sur la couronne d'Espagne? qu'é-
tait-ce que ces renonciations, sinon des déro-
gations à la loi salique et à l'ordre de succession
établi pour le trône de France?

Cette couronne est-elle perdue pour les enfans de Louis-le-Grand parce que Ferdinand
abolit la loi salique? Non; ne peut-il pas arriver que la reine donne à l'amour du roi un fils
qui perpétue son sang et soutienne glorieusement sa couronne? mais si l'événement trompait
cette espérance, la fille qui en naîtrait ne serait-
elle pas une Bourbon, et d'habiles ministres,
sujets fidèles, vrais amis de leurs pays, ne trou-
veraient-ils pas dans l'abolition de la loi salique
un moyen d'en faire tourner au contraire les
résultats à la gloire et à la puissance de l'Espagne et de la France?

Les auteurs de la pragmatique n'ont-ils eu
seulement en vue que le rétablissement des anciennes lois relatives à la succession régulière
au trône d'Espagne? C'est ce que nous laissons
à décider à de plus habiles publicistes.

La mesure qui appelle les femmes à la couronne d'Espagne a été traitée d'*immorale* par

des écrivains peu soigneux d'étudier la véritable acception des mots; s'ils entendent par cette épithète une chose contraire aux mœurs, il faut convenir que c'est faire preuve d'une bien grande ignorance dans l'histoire de la péninsule hispanique.

Rien en effet n'est plus dans les mœurs de l'Espagne que la loi qui permet aux filles d'arriver à la couronne : des femmes ont régné glorieusement sur ces contrées, elles y ont tenu le sceptre d'une main virile; les Goths ont obéi à des princesses pleines de courage, ornées de toutes les vertus royales. Bérangère de Barcelone et Isabelle brillèrent dans les camps. L'Espagnol ne rougit point en se soumettant à la domination d'une femme, fille de ses rois; et des peuples aussi valeureux que lui, l'Anglais, le Russe, l'Autrichien, le Danois, le Suédois, n'ont ils pas béni les règnes d'Elisabeth d'Angleterre, de Catherine de Russie, de Marguerite de Waldemar dans le Nord et de Marie Thérèse d'Autriche?

Les Espagnols, remplis d'attachement pour la race de leurs rois, trouvent qu'il est plus juste d'obéir à la fille de leur souverain qu'à un prince plus éloigné de leur sang, né sur un sol étranger.

Ici se place une question importante de droit public. On attaque la pragmatique - sanction sous ce motif qu'un roi ne peut changer l'ordre de succession au trône, qu'il doit transmettre à ses successeurs l'héritage qu'il a reçu de ses pères, de la même manière que ceux-ci le lui ont transmis, et qu'agir autrement c'est aliéner les droits de sa maison et disposer contre les lois établies d'une couronne dont il n'est que l'usufruitier.

Nous reconnaissons avec Grotius, avec Burlamaqui, avec Montesquieu et tous ceux qui ont écrit sur les droits de la royauté, que ces droits sont circonscrits dans certaines limites : Car il n'y a point de monarques véritablement absolus, si ce n'est les tyrans, encore est-il des bornes qu'ils craignent de franchir. La puissance des rois, même dans les États où elle jouit de toute sa plénitude, ne s'est jamais étendue jusqu'à l'aliénation de leur domaine, nécessaire à la splendeur du trône, ni jusqu'à changer l'ordre régulier de succession au trône, à moins d'un accord entre le roi et la nation. En

Espagne où le vulgaire croit que le monarque jouit d'une omnipotence qui n'a de frein que dans sa volonté, le prince ne peut s'écarter des lois fondamentales. Ici gît toute la question. La loi salique est-elle une loi fondamentale de l'État ? et le roi d'Espagne a-t-il transgressé le contrat primitif qui le lie à ses sujets, en secouant les entraves d'une loi, d'un pacte, imposés par une influence étrangère ? a-t-il commis un acte arbitraire en rétablissant l'ordre de succession régulière dans sa famille ?

A-t-il aliéné ses domaines lorsque par la pragmatique il les assure à toujours dans sa propre maison ?

Le roi Ferdinand susbtitue à un ordre de succession qui a duré cent ans, un autre ordre plus ancien qui était suivi même avant la réunion des États de Castille et d'Aragon, et sous l'empire duquel ces peuples se sont élevés au plus haut degré de puissance et de prospérité. Enfin cette mesure prise avec le concours du conseil de Ferdinand, résolue dans celui de Charles IV, se présente au respect des peuples avec tous les caractères de légalité possibles en Espagne ; décidée par deux conseils, votée par les

cortès de 1789, sanctionnée par un roi, est-
elle l'effet d'un *caprice arbitraire ?* Elle n'est
qu'une loi ancienne remise en vigueur et loin
qu'elle altère en rien les lois fondamentales de
l'État, elle rétablit d'anciens droits consacrés
par sept cents ans d'existence.

Ces officieux amis de la péninsule ne voulant
pas se souvenir du passé, conservent toute leur
sollicitude pour l'avenir ; ils demandent com-
ment un peuple aussi belliqueux que l'Espagnol
consentira jamais à obéir à une femme.

Les Espagnols étaient-ils moins héroïques au
temps d'Isabelle la Grande, et les qualités qu'on
ne peut refuser à ceux d'aujourd'hui s'énerve-
ront-elles sous l'autorité d'une femme ? On ne
peut raisonnablement pas le supposer ; qu'on
se rassure donc : si la loi salique peut convenir
encore à la France, son abolition ne saurait
nuire à l'Espagne.

C'est le hasard qui a permis que cette loi
n'ait reçu jusqu'ici aucune atteinte dans le
royaume très chrétien ; elle chancela cependant
au temps des querelles d'Edouard et de Philippe de Valois, qui parvint à la couronne en

l'invoquant, et que le succès de son compéti-
teur pouvait rendre sans autorité.

Philippe, que la loi salique appela au trône,
décida cependant contre cette même loi dans
deux circonstances importantes ; il adjugea la
Bretagne à Jeanne épouse de Charles de Blois,
dans son procès contre Montfort, et il jugea de
même le procès de Robert d'Artois contre Ma-
haut sa tante.

Si des femmes n'eurent jamais sur nous l'autorité souveraine de leur chef, les Français furent-
ils moins puissans et moins respectés au dehors,
sous la régence de Blanche de Castille, et sous
celle d'Anne d'Autriche? Furent-ils moins soumis, si l'on excepte sous la dernière quelques
intrigues fomentées par des seigneurs mécon-
tens de la cour ?

Si la providence n'eût donné qu'une fille à
madame la duchesse de Berry, et à défaut d'autres héritiers, pense-t-on que nous aurions hésité
à enfreindre la loi salique, et que nous n'aurions pas préféré nous ranger sous la domination de cette auguste fille plutôt que de voir le
trône occupé par un prince étranger ?

Les avantages que retirera l'Espagne de la

pragmatique nous paraissent évidens ; ils dé-
coulent des motifs secrets qui l'ont dictée, du
moins la connaissance de l'état des partis en
Espagne porte à le penser. Les motifs apparens
de cette loi sont pris dans la nature et dans le
droit public de l'Espagne. « La nature, dit-elle,
« a mis dans le cœur d'un père un égal amour
« pour tous ses enfans, et une juste prédilection
« pour son premier né..... » Les rois qui ont
précédé Ferdinand, mus par ce sentiment naturel, ont pendant sept siècles voulu que leur
premier né leur succédât sans distinction de sexe.

Les motifs secrets sont pris dans l'état moral
de l'Espagne ; par cette mesure aussi sage qu'é-
nergique, Ferdinand anéantit pour toujours les
coupables espérances du parti Carliste, il sauve
peut-être une seconde fois son pays de l'abîme
des révolutions ; qui ne connaît les entraves que
ce parti rétrograde apporte à la marche du
gouvernement ? qui ne sait ses exigences et ses
vues, s'il s'emparait jamais de l'autorité suprême ?

Les Carlistes ne veulent point d'améliorations,
point de concessions, point de clémence ; ils ne
sentent pas que la modération est la première
vertu d'un roi dont les orages ont ébranlé le

trône, et qu'une nouvelle révolution entraîne-
rait peut-être la destruction totale de la monarchie.

Certes, si la politique, suivant cette pensée
d'Aristote, est l'art de rendre les peuples heu-
reux, l'événement qui nous occupe marche
entièrement à ce but, l'ordre de succession régulière rétabli, déconcerte les funestes projets
des absolutistes, et consolide en Espagne la
monarchie tempérée rétablie par la sagesse et
la prudence de Ferdinand.

Il est peut-être réservé à la fille de ce roi,
que cette nouvelle mesure vient de placer an
rang des politiques les plus profonds, de voir
s'éteindre les factions que vingt années de malheurs et de révolutions ont soulevées en Espagne. « Le gouvernement des femmes est plus
modéré que celui des hommes. » Les annales de
l'histoire ne démentent pas cette assertion de
Montesquieu. Palmyre et Babylone, ces deux
villes qui renfermaient les peuples les plus belliqueux de l'antiquité, ont vu, sous la domination de Sémiramis et de Zénobie, s'éteindre
les factions qu'Odenat et Ninus avaient vaine-
ment combattues.

Dans nos temps modernes, la Suède, le Da-
nemarck et la Norwège, unies sous Marguerite
de Waldemar, n'ont jamais pu être réunies
depuis.

En Europe, dans l'Inde, en Afrique, on s'est
toujours bien trouvé du gouvernement des
femmes.

Nous n'avons jusqu'ici raisonné que dans
l'hypothèse de la naissance d'une infante, nous
avons rappelé l'ancienneté de la coutume qui
admet les filles à la couronne, nous avons démontré que la loi salique n'était qu'une tradition, dont l'origine est fort incertaine; en effet,
rien ne prouve, comme l'a prétendu le prési-
dent Hénault, que Clovis en soit l'auteur, et qu'il
l'ait rédigée en 511; on voit seulement le féroce
Clothaire la faire servir pour la première fois à
ses projets d'usurpation, et tous ceux qui con-
naissent un peu notre histoire savent que cette
coutume cruelle fut abolie en France *dès qu'elle
y fut publiée*, et que les Francs saliens en élu-
daient les dispositions par la formule que nous
avons citée au commencement de cet écrit. Saint
Augustin (1), Marculfe (2), Justinien (3) traitent

______

(1) De civ. Dei, III. (2) Marculfe, cité plus haut. (3) Novelle, 21.

avec raison d'impie, de barbare, de cruelle, cette jurisprudence qui prive les filles de l'héritage de leur père ; et, si la tradition s'en est maintenue intacte jusqu'à nos jours, c'est que la Providence nous ayant donné une longue suite non interrompue d'héritiers mâles à la couronne de France, nous n'avons pas eu à nous occuper de sa plus ou moins facile application, qui serait aujourd'hui impraticable en France, si elle devait nous amener un prince étranger.

On dit qu'au premier moment de la promulgation de la pragmatique-sanction des protestations ont été faites par les cours de France et de Naples, nous ignorons si en effet ces mesures de précautions, toujours sans effet immédiat, ont été prises par ces deux cours, les seules que l'abrogation puisse intéresser en Europe ; mais nous avons lieu d'espérer que mieux instruites sur les véritables motifs qui en ordonnaient la publication, la bonne harmonie se rétablira bientôt entre ces cours et celles d'Espagne.

Si l'on en croit certaines correspondances particulières, toute l'Espagne a vu avec un mécontentement mêlé de surprise l'abolition de la

loi de 1713; il est tout simple que le parti Carliste, dont cette mesure renverse les coupables
projets, excite toutes les passions contre un
acte qui lui ôte toutes ses espérances, mais ce
parti ne forme point la majorité de la nation
espagnole; le peuple n'a vu dans l'abolition de
la loi salique qu'un acte de la sagesse royale
qui rétablit l'ordre naturel et régulier de succession au trône, et les Espagnols éclairés un
acte de haute politique que les malheurs et les
conjonctures actuelles n'ont rendu que trop nécessaire.

Nous avons vu que selon les exigences politiques l'ordre de succession établi par la loi salique avait été plus d'une fois interverti, et si
les temps et les circonstances font admettre ces
exceptions, nous trouvons dans notre propre
histoire une justification au changement opéré
aujourd'hui par S. M. C., et Montesquieu (liv. 26,
chap. 23) nous présente une réflexion profonde
à ce sujet. « Quand la loi politique qui établit
« dans un état un certain ordre de succession,
« devient destructive du corps politique pour
« lequel elle a été faite, il ne faut pas douter
« qu'une autre loi politique ne puisse changer

« cet ordre, et bien loin que cette même loi soit
« opposée à la première, elle y sera dans le fond
« entièrement conforme, puisqu'elles dépen-
« dront toutes deux de ce principe : *Le salut*
« *des peuples est la suprême loi.* »

Ainsi, le roi d'Espagne pénétré de ce principe,
a pu abroger la loi salique, si cette loi lui pa-
raissait destructive du corps politique pour lequel elle avait été faite et la remplacer par une
autre qui était impérieusement commandée par
les circonstances.

La France qui restera toujours l'alliée la plus
chère de l'Espagne, qui a sacrifié son sang et
son or pour la sauver de l'anarchie, ne peut
pas voir avec mécontentement que son roi
veuille fermer pour toujours le gouffre des révolutions.

Les autres cabinets de l'Europe, auxquels
cette mesure doit être étrangère, ne sauraient
qu'applaudir aux sentimens généreux du roi
catholique, qui a détruit chez lui, aussitôt qu'il
l'a pu, la coutume barbare qui privait les filles
de l'héritage de leur père.

Désormais, tranquille sur le sort futur de
l'Espagne, dont la pragmatique-sanction fixe

l'avenir, Ferdinand poursuivra avec persévérance le grand œuvre de la régénération de son pays, que chacun de ses actes rend au calme et à la prospérité.

Ce pays, indignement calomnié par certain parti , n'est pas ce que ce parti voudrait qu'on le crût; nous l'avons démontré plus haut, et nous ajouterons un nouvel indice de son amélioration financière ; la hausse toujours croissante de ses fonds répond assez victorieusement aux mensonges débités journellement sur les opérations du trésor; son crédit, long-temps enchaîné par les efforts de la malveillance , prend enfin l'essor et le rang que la ponctualité que met le gouvernement à remplir ses engagemens lui assignait depuis long-temps.

L'Espagne a sans doute beaucoup de plaies à cicatriser, d'injustes regrets à étouffer, de coupables espérances à réprimer. Le roi catholique et les habiles ministres qui ont sa confiance marchent dans une voie sûre et franche qui doit enfin les conduire à ce but.

Espérons donc que l'événement qui a donné lieu à tant de déclamations, ne remplira jamais l'attente de ceux qui y voient un embarras futur pour l'Espagne.

Si le ciel, protecteur des rois, écoute les vœux de S. M. catholique et de ses sujets fidèles, le ciel lui donnera un fils devant lequel tomberont les protestations, si toutefois elles ont été faites, et qui rendra pour long-temps sans effet l'abrogation d'un pacte si cher à la maison de Bourbon, mais que d'impérieuses circonstances forçaient à modifier en Espagne.

Qu'il naisse donc ce fils qui doit régner sur l'antique et glorieuse Ibérie, elle l'attend, elle le désire, et que ce vœu qu'elle redit des Pyrénées aux rochers de Ceuta, de l'Atlantique à la Méditerranée soit enfin accompli!

FIN.

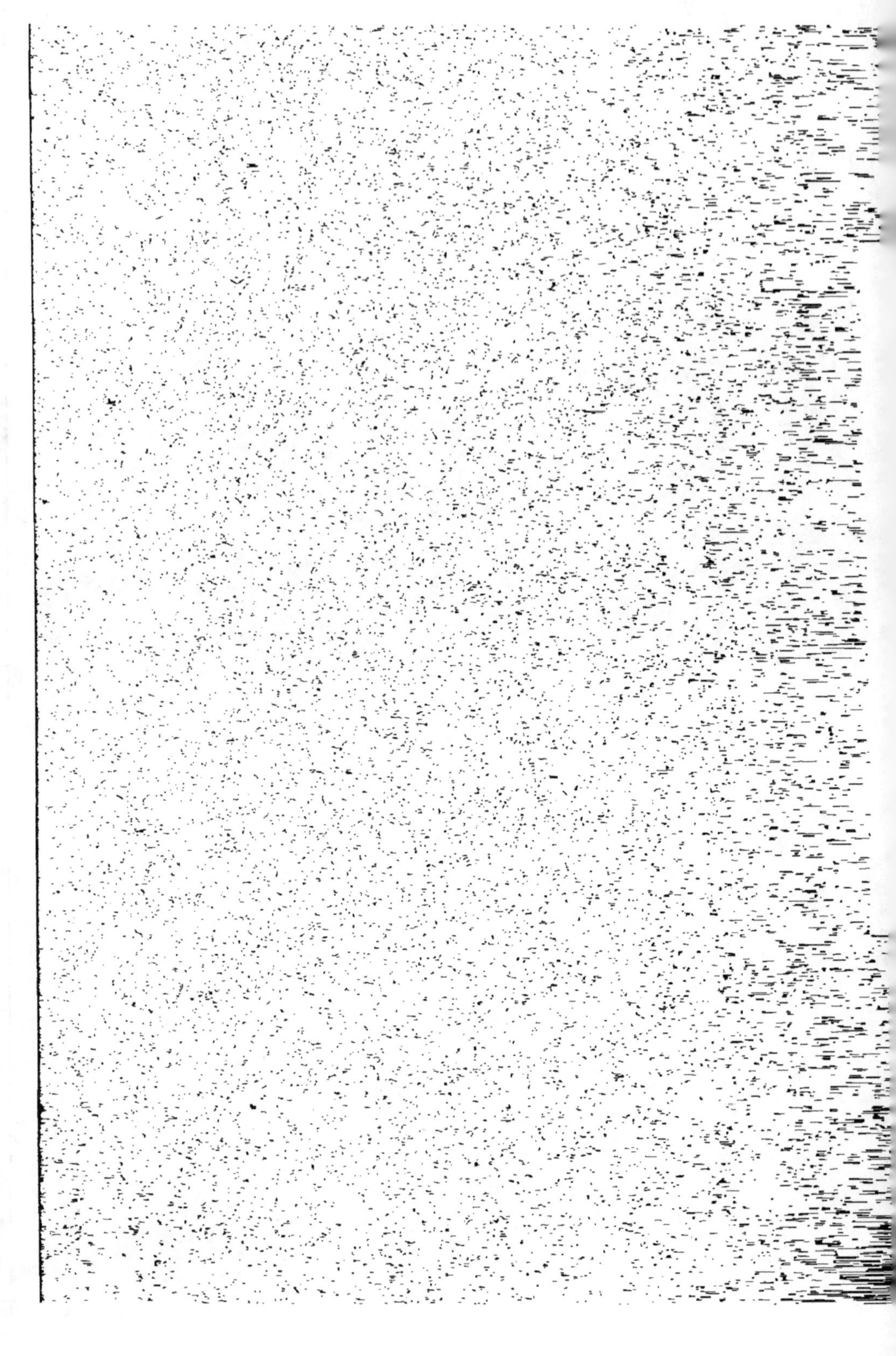

www.ingramcontent.com/pod-product-compliance
Lightning Source LLC
Chambersburg PA
CBHW061649050726
47598CB00004B/1514